gerhard c. krischker

fai obbochd

für karl
vom gerhard
bamberg – sand
25./26. 2. 89

gerhard c. krischker

fai obbochd

gesammelte dialektgedichte

mit einem nachwort
von winfried schleyer

Bayerische Verlagsanstalt Bamberg

wem sunsd wi miä

CIP-Kurztitelaufnahme der Deutschen Bibliothek

Fai obbochd : gesammelte Dialektgedichte /
Gerhard C. Krischker. Mit e. Nachw. von Winfried Schleyer.
– Bamberg : Bayerische Verlagsanstalt, 1986.
ISBN 3-87052-443-X
NE: Krischker, Gerhard C.

2. Auflage 1988

Umschlag: Erna Lautenbacher unter Verwendung eines Fotos
von Werner Kohn und einer Zeichnung von Peter Süß
Gesamtherstellung: SOV Graphische Betriebe, Bamberg
Printed in Germany
ISBN 3-87052-443-X

dsän aigäwöna

sooch amoll
dseämoll hindäränandä
amamäladnaamäla

nä waidä

woos edsäd

I
gee dsu
blaib doo

II
schau bloos
dasd raikummsd

sunsd kummi
dä naus

unfoäschdellboä

schdodd
bambärch

a annära
schdodd

bambärch

deä oilnschbiigl
woä doo
deä fausd
woä doo
deä dürä
woä doo
deä göde
woä doo
deä hegl
woä doo
deä hoffmoo
woä doo

obbä
gäbliim is
kannä

bambärch

a schlugg schlengälabiä
a schwengä wairaach
a doon foddi sümbfoniggä
äs loidn ummä dswölfa
a bong im hain
a biss nai an höänla
a bligg foddä aldnburch
a kaugummi fo an ami
a feedä fom winneduu
äs baa om oldn rodhaus
a dsaggn fom gooblmoo
äs lächln foddä kunni
di haud fo anä dswiifl
a grachä foddä sondkärba
a brooddsaid auf am källä
a wosbraungmädännaweng
äs grüüna foddi domdüäm
a wunnädüüdn fom blärrä
a lesäbrief im eff-dee
a hochdsaid aufm michlsbärch
a kaffeela im beggschdaa
a laina wäsch fo klaafenedich
a schdüggla fom himml o frolaichnom
di aussichd fom schbedsikällä
a aingdoä fom eff-dsee
a radds foddä konkoddia
a schnörggsl fom böddingähaus
a schaumgroona drundn di müüln
deä oäsch foddä schwoonfäldära
a fäschbrächä fom deadä

a blangn fom hainbood
a bärln fo an roosngronds
di schdimm fo an dsee-äs-ulä
a bläddärä fom hoffmoo
a gaisdäsblidds fom hegl
a keäddsn fom kaisäsool
a roosn ausm roosngaddn
a leebäkees fom libbold
a bröödla fom sondbägg
a schliddnbaddii droom dä woldwiisn
a rodduä noch schammlsdoäf
a obschdechä noch gramäsfäld
a ausfluuch noch buuch
a schbrüchla fom morbä

froong üwä froong

weä maansdn hodd unnän dom gäbaud
blööda frooch weäsd soong
deä kaisä heinrich
un du glabbsd wirglich
deä hodd aa bloos an aandsiggn
fo denna drümmäschdaa
än dombärch naufgschlaafd
un di old hofhaldung
weä maansdn hodd di haufn breddä gsääсhd
wu - froochi - homm di maurä gäwoond
didi noi residends nogschdälld homm
wunoo is deä kabbo mid saina loid an saufn ganga
o däm oomd wus olda rodhaus fäddich woä

weä glabbsdn hodd denna bauloid dsä brooddsaid
iän brässogg un a biä gäbrochd
di hailich kunigunde fälaichd

deä bischof fo erdal
hodd äs gronknhaus ärrichd
eä allaa?
di schönborn schloss seehof
di homm doch goä ned gäwissd
wi a senggblai aussichd
baim grossn hochwassä domols
is di roggoggo-seebrüggn aigschdöäddsd
sunsd niggs?

bambärch is foll
fo schööna hoisä un kärng
weä hoddn di alla gäbaud
un weä hoddn däs dsäledsd
alläs dsooln müssn

naidi büchä wännsd schausd
könnäsd maana
a kaisä un a booä bischöf

a haufn froong
un nirgnds a andwoädd

(nach bert brecht: fragen eines lesenden arbeiters)

miä

miä hom
di höll
scho auf eädn

obbä an weech
durchs baradiis

aa

obfoll

früä woä mä moll
deä nobl deä wäld

edsä sämmä a wengla
waidä undn
dsä suung
un auf deä annän saidn

däs glabsd

bambärch

foweechä
auf siim hüchl

hindä
siim bärch

aa wos

miä lesn
laud schdadisdigg
di wengsdn büchä

däfüä
saufmä
äs maisda biä

sprichwörtlich

wänn bambärch
ned dsäm brofeedn
kummd

nochädd muss
hald iich
kumma

bambärch-monobol

du bisd
di raibflächn

iich bin
dai roodä kobf

fooweechä ainmolig

in dirol
gibbds a bambärch
un aans
in ondario
un aans
in sausgärolaina

däs däffäds
doch aigndlich
goä ned geem

perspektiven

I
füä bambärch
siichi fai
schwoädds

II
mid bambärch
geeds schweä

än dombärch
nundä

bambärchä oldschdodd

I
fom griich
fäschoond

fom schdoddrod
ned

II
üwä mancha
obriss-sündn

weggsd
ned amoll
gros

dengg mol

bambärch
is fai a denggmol

dengg mol

nature mort

o dä wänd
aus bedong
sichdmä di
moserung foddi breddä
fo dä fäscholung

draam

iich hobb gädraamd
deä grisdo is kumma
un hodd alläs aigäbaggd

än dom
di old hofhaldung
di noi residens
äs olda rodhaus
klaafenedich
äs böddingähaus

bruudä
do könnädn mä fai
aibaggn

ummä dswölfa

do loidn bai uns
di gloggn

auf doifl
kumm raus

bimbambärch

bim bam
bim bam
bim bam
bim bam
bim bam
bim bam
bim bam
bärch

bigott

mancha laafn
dauänd

middm fiäkirchnbligg
rum

bambärchä gäddnäladdain

I
rotarum senatorum mox terra da hos terra

roda rum sen a dorum
mogsdera
da hosdera

(rote rüben sind auch hier herum
magst du welche
da hast du welche)

II
per bella hos dentes hae vela mitti bona

bärbäla hosd denn däs häfäla middi bona

(barbara, hast du auch das töpfchen mit den
bohnen)

dsän graina

miä haasn
uwäroll
nä bloos

dswiifldreedä

a ächdä dswiifldreedä

is döä wi a bannaschdanga
schorf wi a reddich
un a beddäla auf alla subbn

hodd an kobf wi an kürbis
an rangäsn im gsichd
domaadn auf di aang
un an kümmerling in dä hosn

dud süssholds raschbln
schaissd benädd
schaud nochm junga gämüs
un dsän schluss di radiisla fo undn oo

schlächdä schdodrod is doiä

foän di dabbn
fo main gäld
noch bolonnja
dsu di kommunisdn

bähämmädd woäns ja
scho immä
edsäd weäns
bäsichld aa nuch sai

peripher

iich konn hald
main schdoddrond

ned haldn

indusdri-fäddl

däs sänn
bai uns
nä bloos

indusdri-ochdl

indianäläs

wos bambärch
midm karl may
dsä du hodd
wisd wissn

bai uns is
wi im wildn wäsdn
di roodn homm
ka schoos

blägg is bjuudifull

neechä hommä
nunna hommä
bfarrä hommä
dsee-äs-ulä hommä

do konn däs
fai manchmoll
schwoädds weän
foä di aang

a schandäschbodd

konnsd mä soong wos wisd
said mä a buff homm
is niggs merä los

ka moädd
ka fägäwoldichung

auf di booä schlächäraia
is gschissn

däs konni sälbä

schbroochfäkeä

aminuddn
wadd
a minuddn

fäkeäd

wus frolläin gibd
frächd miich a ami

iich hobb na moll
dsu di englischn gschiggd
füä alla fäll

amägaanä

di hommä scho
als kinnä gfrässn

gloschar

unnä dä undän brüggn
lichd a gloschar
un hoddsi midd am eff-dee
dsugädeggd

main godd
muss dän friän

goblmoo

wännä nä moll
sai gobl naihauäd

nai di bagaasch
di undä na höggd

wu kämä dänn do noo

homm duddä niggs
könna duddä niggs
ärbän wolldä niggs

kaa wunnä
däsd iä füä di
roodn said

geed doch nübä

so siggsd du aus

dswaa linka hend
un dseä dauma

obbä a goschn

äs ledsda

rooda
hommä edsd aa scho

do siichi fai
schwoädds

sabbodaasch

sauf ned sofill
mid jedn saidla wus dringsd
undäschdüdsd di russn

gib obbochd
du dringsd dai biä
nochädd brunsd däs
noo deä wänd
fo do fliisds nai dä reechnids
foddä reechnids nain maa
fom maa naidä donau
foddä donau nain schwoäddsn meeä

homm di russn dai dswaa märgla
du kaschbä

källämoggl

a ächdä bambärchä
geed nauf sain källä

bissä schbaid

di amaisn

in bambärch woän amoll dswaa amaisn
di homm di maisn kobbd
noch ausdraliän dsä raisn
foän schlengäla drundn im sond
sächdi a edsd hobbi main brond
un in ausdraliän gibds
fälaichd ka biä
miich leggsd om oäsch
iich blaib libbä hiä

(nach j. ringelnatz: die ameisen)

frängischäs rom

I
noch idaljen
braugsd nimmä dsä foän
höggsdi a schdund
nain wiinäwold
hosd ässälba

II
wänn däs so waidä geed
middi idaggä
wämmä bal draun sai
fälaichd richdns
nochädd a klaabambärch ai
di schbagäddis

wasd nii

dsän schbaia

a olda salami
an schdingäddn kees
an schbruds domaadnkädschä
a booä so fägrübblda grüüna wöäschdla
di dä in dä goschn brenna
dasd maansd diich dsäraisds
däs haud so a droggngäleechdä gondlschafföä
mid saina wiggsgriffl
auf a olds biäfilsla
daafds biddsa
fälangd dseä marg däfüä
un du kaschbä frissd däs

an guudn

bai uns

bai uns
mäggsdi boliddisch
scho fädächdich

wännsd im schlengäla
an russischn kees
bäschdällsd

amoll

bai di sümbfoniggä wosd
wos hommsi dänn geem

a sümbfonii fo an molä
amoll

do hosd glügg kobd
schdell dä foä
di häddn däs
dswamoll gschbild

böschdn

deä böschdn-nigglläs hodd
wiä amoll auf an schbrung
fodd gämüsd hodd
unnä deä gschäfdsdsaid
a schild nai
saina lodndüä kängd

weä böschdn will
mai fraa is im kellä

deä bischof fo bambärch

deä eädsä will
alla daum fägiffdn

das deä mä fai
än hailichn gaisd däwischd

fai obbochd

hailichäs

scho draimol binni
durng oddo sain grob gägrabbld
fowechä maina bondschaim

schaiss drauf
morng gee i dsän doggdä

duusdä

aa wänn bai uns
ka sunna schaind

schdämmä im dom
sain schaddn

unnära bärümdhaidn

e. t. a. hoffmann & g. w. f. hegel

deä a hodd
alla dooch sain bläddärä kobbd

deä annä hodd
undn bfoalblädsla
än kommunismus eäfunna

fai niggs bärümds

wadd nä

iich hob mäs ausgärechnd
wänn däs so waidä geed
midm befölgerungsschwund
binni im joä
dswaadausndsimäochddsig
allaa

däs wädd schöö

wänni

wänni widdä hamkumm
fo idaliän oddä fo sunsdwu
un siich scho fo waidn
mai aldnburch
main michlsbärch
maina domdüäm
nochädd griichi so a gfüül
däs öäschd widdä fägeed
wänni äs öäschda
blööda bäkannda gsichd
siich

bambärchä obschiidsliid

saach dsäm obschiid
nai main hausfluä

(nach: sag zum abschied)

desweechä

iich brauch ka sanssouci
iich hobb mai pommersfelden
iich brauch ka rocky mountains
iich hobb mai fränkische schweiz
iich brauch ka pastete
iich hobb main leberkäs
iich brauch kan stierkampf
iich hobb mai fischerstechen
iich brauch kan gardasee
iich hobb main dechsendorfer weiher
iich brauch ka melk
iich hobb mai banz
iich brauch ka artischocken
iich hobb main spargel
iich brauch kana croissants
iich hobb mai bamberger hörnla
iich brauch ka chenonceaux
iich hobb mai mespelbrunn
iich brauch ka tuborg
iich hobb mai reichelbräu
iich brauch kan edison
iich hobb main henlein
iich brauch kan petersdom
iich hobb main bamberger
iich brauch ka real madrid
iich hobb main club
iich brauch ka carcassonne
iich hobb mai rothenburg
iich brauch kan goethe
iich hobb main sachs

iich brauch ka mailänder scala
iich hobb mai coburger
iich brauch kan taschenrechner
iich hobb main adam riese
iich brauch ka salzburg
iich hobb mai bayreuth
iich brauch kan kopernicus
iich hobb main königsberger
iich brauch kan fontana di trevi
iich hobb main schöna brunna
iich brauch kan da vinci
iich hobb main dürer
iich brauch ka leipziger messe
iich hobb main christkindlesmarkt
iich brauch kan bacardi
iich hobb mai zwetschger
iich brauch kan louvre
iich hobb mai mainfränkisches
iich brauch kan andreas hofer
iich hobb main florian geyer
iich brauch ka new yorker philharmoniker
iich hobb mai bamberger symphoniker
iich brauch ka karlsbrücke
iich hobb mai mainbrückn
iich brauch kan casanova
iich hobb main gunter sachs
iich brauch kan chateauneuf du pape
iich hobb main klingenberger
iich brauch ka arrividerci
iich hobb mai adela

Raum für eigene Zusätze:

drundn dä reechnids

di dooch di woän wi brausebulfä
di maadla homm füä iä bubbn klaadla gschniddn
miä buum homm kaulkwabbn gfanga
mid am daschnduch fom forrä
orrä schdichling

gschbild hommä
huggliberrifinn un domm soiä
un dadsanläs
un indianäläs
un wi mä a weng äldä woän
hindä di büschla doggdäläs

di reechnids woä a schdoggfauls drumm
un hodd - däs homm di grössän gsochd –
rächd gschdungn
miä homm däwail an radds däschlong
un di besd gobl ausm silbäbschdegg
an ool nain rüggn kaud
droom buuchä weeä

weeä sich gädraud hodd
fom erlösäschdeech dsä hübbfn
deä hodd dsä uns gäköäd
un weeä so waid nain obflussroä
fo deä kanalisaddsion gägrabbld is
dass mä na nimmä gseeng
bloos nuch gands lais hallo schraia höän hodd
woä unnä hoibdling

mid aana rosding klinga
ausm forrä saim rasiirä

hommä uns di ärmla aufgäriddsd
un uns gschwoän dass mä
nii meä ausänandä gee
– des hodd so a blööda henna
dauänd im radio gsunga –
iich woä old schäddähänd
un deä hainä ausm bosdhof
woä mai winneduu

im windä sämmä
auf aisscholln mit aana boonaschdanga
hii un heä gäbaddld
naigfloong halb däsuffn
badschnoss un dsammgfroän hammkumma
un schdodds an haasn dee
öäschd moll sai brüch grichd

di libelln im summä
hommä dsä ruu gälossn
waal uns deä leerä gsochd hodd
di deedn e bloos an dooch leem
un ausädeem hommsi uns gfalln

amoll om middooch is a moo
mid an rood ona schdanga
auf unnä insl kumma
un hodd sai hoosndüäla aufgägnöbfd
un däbai goä ned gämüssd
wi mäs dähamm dädseeld homm
hommä nimmä fodd gädäffd dswaa dooch
un a rächd komblidsiäds woädd is gfalln
däs hobbi ned amoll im brogghaus gfunna

füä oosdän hommä balmkäddsla gärubbfd
un's süssa ausdi blüüdn rausgädsülld
amoll barräfüssich durch di brennessln laafn
un dswoä schöö longsom
woä in deä gäng fäbindlich

a endn hommä mid am brüügl
rundä fom himml kold
un nochädd widdä bandaschiäd
un fischla in an mamäladngloos
mid hamm gäbrochd
un undäs bedd nogschdälld
dassi kaans sichd
di woän om näggsdn dooch
hosd machn könna wosd gäwolld hosd
immä hii

deä summä hodd sai hosn naufgägrämbld
so wi miä
un unnän boll hodds wännä naigfloong woä
bis nundän margäreddndomm gädriim
un renna mid so klaana boodla
aus aanä wunnädüüdn
hommä ausgädroong
un immä widdä noi brobiäd
di reechnids aufdsäschdaua
mid an weeä

un nochänandä üwän fümbfälässchdeech
nüwägärennd ona dsä dsooln
un weä däwüschd woän is
hodd fom kassiä sai flai
un fo uns sai fümbfäla grichd

un dooda fisch mid aufgebläada laibä
sänn in dä reechnids rumgädriim
wänns long nimmä gäreengd kobbd hodd

kannä hodd hammgäwölld dsän feänsee
juchndschdund un so
dsägoä di dseä minuddn mid adalberd digghuud
homm fo uns kan gäraidsd

un schraidärai woä aa
un dswaa homm immä dsammkolfn
geechä an deä wu allaa woä
un deä – ofd worrä iich –
hodd gsochd iich dseel bis drai
un nochädd gee i
un ewich long äs drai gädeend
a nuch a o ńo di nummä kängd
un di ledsde dsaal haissd numero drai
obbä di däbbn homm iän kobf kobd
un niggs drauf geem
un donn bisd ganga
un ned gäwissd wos oofanga
so gans allaa

baim fruchdhoof a boä groosgrüüna banana
  gschdraachd
brobiäd wi waid mä middi füüs
un ona dassi roobolläd fom droddäa
a büggsn bringd
– a aandsiggsmoll bis hamm –
nuch schnäll amoll dsän kuss
baim bee-eff-dse-blodds
sich an rollä mid so digga folla raifn ausgälia

füä a dseenäla di schdund
orrä wänns gäld gälangd hodd
moll a räädla
un a schabeeso kaffd
orrä a bäggla kaugummi
middn fridds waldä drinna

un oomds müüd nain bedd gäbolläd
aufs riddsla dswischä maim forrä un deä murrä
un gschnarchd
hommsi om näggsdn dooch dädsäld
wi a jungs räddsla
un middn haggi un'n domm
än mississibbi nundägfoän
deä hodd aufs hoä wi unnä reechnids ausgschaud
bloos a wengla braadä

di dooch di woän wi brausebulfä

haindombfäla

di öäschd frooch woä
foä mä hii orrä dsärügg
di murrä woä füä hii
di hodd ängsdn kobbd
das ra deä forrä
machädd mäs annärschrum
bäsuffn nai di reechnids bolläd

di dswaid frooch woä
dsämindäsd füä mai murrä kanna
füän klann wädd ned gädsoold
däs is scho widdä fasd a saidla

noia – des hodd bädoid
das iich – hodd deä old siibä fonn kassiäd
nain hegg (so glaabi hasd äs hindädaal
fo so an dombfä)
hobb schbradds müssn
un di hii- un heäwäddserai
is ganga bis dsä wolfsschluchd nauf

manchsmoll un däs woä öffdäs
hodd däs nookaud
manchsmoll aa ned
däs hodd donn füä main forrä
an foiäroodn kobf
un füä miich a schabeeso wenger geem

droom aufdä höö fom buuchä weeä
wu deä grisdoffä broforma sai hosnbaa
  naufgägrämbld hodd
un so ausdud als dädäs jesula üwä di reechnids

nain bruudäwold naischlafn
(deäwaal schdeed deä im droggna
auf an soggl deä bäschaissä)
hommä donn oogäleechd
do sänn aa di wu sich ka dombfäfoäd homm laisdn
  könna
middn gabriel – däs woä a russ – sain boodla
  üwägsäddsd

nain kaffee liib do sänn miä ned
kaffee un kuung woä niggs füä main forrä
miä sänn schnuuäschdraggs dsän aumüllä nauf di
  därassn
deä old – däs woä deä koosenooma foddä murrä
  füä main babba –
hodd gäkadd un gsuffn
di murrä gschännd wänns na a solo rundähomm im
  bogg

um siima hommä uns – däs hasd di mama uns –
an waisn brässogg mid an senfd un aanä gurggn
  kold –
– drai broode eggsdra –
donn hoddä baba nuch drai ledsda moos
  naigschdöäddsd
di mama hoddä dribbäliädd – sai sunndochsjäggla
  üwän arm –
äs ledsda dombfäla hodd lengsd äs ledsdamoll
  gädüdd kobd
deä gabriel scho gschloofn in sain hoisla
deä grisdoffä woä immä nuch ka schdüggla waidä
do homm miä unnän ankä aa gälichd

di murrä hodd än oldn
– däs is füä diich fai immä nuch deä babba –
nais schlebbdau gänumma
deä hodd un do woä fai nuch niggs kanalisiäd
sain kanol foll kobbd un dreggäda liidla gsunga
– wos soll deä buu bloos denggn –
donn hommä alla drai im hain
än nebbomugg fo oom bis undn oogebrunsd
– deä sechd kann muggsä
däsweeng is deä ja hailich gschbrochn woän –
un sänn so ummä halbädseena
im haimaddlichn hoofn aigäloffn

deä forrä hodd sich wiä woä nais bedd kaud un
gälalld:
obbä däs aana soochi oich
om neggsdn sunndooch machmäs annärschrum
do laaf mä naus
un hammwädds middn dombf . . .

hammwee

nochm album middi sanellabildä
nochm ausfluch nain närnbärchä dsoo middm
  galiäna goggo
noch di aisblumma am schloofdsimmäfensdä
nochm grüüna aach fo unnän löwe-obbda-radio
noch maina murrä iän brösäläs-kuung
nochm kärschbaam fo main groosforrä
nochm gwagn fo di frösch om silwanäsee
nochm gäruch fo dä schdross noch am reeng im
  summä
noch maina rollschu
noch dä lauredanischn liddanai fo dä maiondochd
nochm „numquam retrorsum" o dä düä fom benool
nochm dadsan sain schrai
noch di holddsbögg im oäsch nochm blaubeänsuung
noch di brüch fo maim forrä
noch di brüsd fo dä dschina lollobridschida als
  könichin fo saba
noch däm momend wu iich äs öäschda moll di biidls
  köäd hobb
noch däm woädd „gebenedeit" im „gegrüßet seist
du maria"
nochm senfdbrödla draussn im schdadionbood
nochm öäschdn oolanga fo aana maadla-brusd
noch däm klann kärl därri moll woä
noch maim öäschdn gädichd
nochm hammwee

(frei nach heißenbüttel)

hosndaschn

a raddsifumml
dswaa kasdanjen
a grödnschdechä
a dswissdl
a haufn sond
dswaa daddsä
a obbdsiibild
a booä kiislschdaa
a gronafäschluss
a dreggädds daschnduch
mid an gnodn dinna

a loch
wu alläs durchbollän ko

oomd in di groosn färjen

di sunna
will faiäoomd machn

deä dooch is müüd
un schlabbd scho
in di filsbandoffln rum

di kissn in di fendsdä
sänn scho kold

di murrä
schraid scho widdäs ledsdamoll
schau bloos dasd rauf kummsd

morng is
a nuch a dooch

rolläfässla

rollä
rollä
rollä
rollä
rollä
rollä
rollä
rollä
rollä
rollä
rollärollärolläfässla

fäschdäsd

aa im ausland
red iich
middi loid

öäschd amoll
doidsch

gasdarbaidä

bruudä
do binni dä

scho bädiind

undä uns gsochd

für h. k.

mancha ausländä sämmä
im oäsch libbä

wi mancha rainländä
im gsichd

idaljen

I
do kosd
nimmä noofoän

laudä idaljenä

II
oomds om schdrond

merä barisä
wi römä

uälaub

foä dä obfoädd hobbi mi
non eggmaiä sain bus nogämöädd
wi aans fo denna feedoolwaibä

in bisa hobbi a halba schdund
main arm ausgschdreggd dasso aussichd
als haldädi än schiifn duäm

in kadoligga om schdrond
hobbi di lufd ookaldn bissi halbä däschdiggd bin
weechä mainä obäwaidn

in fenedich aufm margusblodds
hobbi dseä idaggä oogschmarrd
dassi a foddo fo miä un maim oldn machn

un nochädd hodd däs samäla
kan film drinna

dänn uälaub kosd fägessn

griichischä windä

do schdenn si
undä dä lüfdung
foäm häddi
un lossn sich di worm lufd
durch ira schwoäddsn hoä
un schnörrla schdraing
un dun iä gelbn hend
üwä di aang haldn
un schaua uwäs doch
fom noia rodhaus nüwä
naus aufs meeä
wu wi di schneewais wolgn
im blaua windähimml
iä waisn fischäboodla
schwimma

leemslaaf

gäboän
gädaafd
gäimbfd
gfirmd

gäraachd
gsuffn
gälibbd
ghaiäd

gädsoichd
gäärbäd
gäärbäd
un nuchmoll
gäärbäd

gschdorm

blaua wochn

om mondooch
hobbi main ruus kobbd
om diinsdooch
hobbi main dombf kobbd
om middwoch
hobbi main bläddärä kobbd
om dunnäschdooch
hobbi main dsündä kobbd
om fraidooch
hobbi main duridari kobbd
om samsdooch
hobbi mai höö kobbd
om sundooch
hobbi main saiä kobbd

om mondooch drauf
wädds dsaid dassi
blau mach

lüüngboidl

immä wänn
mai forrä schraid
andrees iich helfdä glai

waasi dassä alläs
annära mächd

bloos miä ned helfn

gaidsgrong

bai allä liib
mai hailichä martin
a halbä mandl nä bloos
füä an naggädn moo
bai dära käldn

woä däs ned
a weng weng
un orch fo oom roo

(nach arnfrid astel)

baradoggs

a moo
oona baa

fäkaffd
schnüäsenggl

woäsoochära

wi si gämärgd hodd
dassi an ring droohobb
hoddsi gsochd:
si sänn fähaiäd

wi si gsäng hodd
dassi bloos nuch a booä heäla hobb
hoddsi gsochd:
si gräng a bladdn

wi si alläs dswaamoll
soong hodd müssn
hoddsi gämaand:
si höän fai schlächd

wi i än heädds-buum
ned auf oohiib däkennd hobb
hoddsi gsochd:
si braung a brilln

wi i ned hobb
dsooln gäkönnd dsän schluss
hobbi gsochd:
däs häddns doch wissn gämüssd

ässälba

üwä alla gibfl is ruu
in alla wibfl schbüäsd du
ned amoll an hauch

edsäd hobbi an schiis gälossn
riichsdäs du auch

(nach j.w. v. goethe: ein gleiches)

noochruf auf willy b.

äm löömdool bisd endrunna
deä schdrauss hoddi ned däleechd
aufgfrässn hoddi

a wandsn

(nach bert brecht: epitaph für m.)

noochdrooch dsä wool

fiiä joä long kohl
wos maansd
wi däs blääd

fäwanddschaffdd

foä hald amoll
om sundooch
bai uns fobai

niggs libbä
wi däs

woora nochbäschaffd

iich liich
auf dä färanda

un mai nochbä
schaffd

beinlich

alla oomd
bringd mä

mai glaana
schlabbn bai

(nach m. bosch)

gänau

bai uns
kosd soong

wosd wisd

baradoggs

jedsmoll
wänni
an siddsn hobb

konni
nimmä schdee

sondkärba

noon kaddsnbärch
griggsd mi nimmä

alla früü
an kaadä

lausanne

los ann
los dswaa
los drai

abb du däid

an junga kärl
schdeed

alläs

waibäwäddschaffd

unnära emanddsn
dreffn sich

im wildn moo

guuda aussichdn

wänni mancha waibä
so bridschäbraad
dohöggn see
kummd mä immä
deä sochärä
fom oldn göde ai

wi härlich loichded miä
di ganiduä

emandsibaddsion

obbä aans weäns nii dsammbringa
di waibsbildä

so schööna böchäla brundsn
wi miä

dele-wision

um seggsa schelld deä weggä
miich aus maim draam
di fraa schlöffd nuch
di hodd hoid schbädschichd
di kinnä aa, di müssn öäschd um siima raus
än wassädobf aufs gas
däbai gäwaschn
dsee gäbuddsd
rasiäd gäkämmd
gschissn wädd öäschd im bädriib
do wädds bädsoold
uns wassägeld füäs schbüln schboäsd aa

no fängd deä dobf aa scho dsä bfaifn oo
ro foddä bladdn
sich di hend fäbrennd
än maggswell nai di dassn gschüdd
äs wassä drauf
di braun brüü wänni scho widdä siich
is mä dä dooch scho halb fäsaud
obbä äs fildän dauäd hald dsä long

an schlugg gänumma
sich di goschn gschaid fäbrennd
a brood roogschniddn
an brässogg aigäwiggld
an dswaidn fill dsä haasn schlugg gänumma
un donn obb

um noina is donn brooddsaid
a fäddlschdund
a fläschla biä un a booä osddsoonawidds

genn schnäll fo mund dsä mund
scho glinglds widdä
äs halba schdüggla brässogg
widdä aigäwiggld
un waidä geeds

um dswölfa is a schdund middooch
bisd dsä daim essn kummsd
in dä kandiina
is a fäddlschdund scho rum
un kold is nochädd aa
dai schdüggla brässogg
schwiddsd wi du
du beggsd äs
wals foddschmaissn a sünd weä
nuchmoll ai
di bilddsaidung lüüchd
digg un fedd gädruggd
wi all dooch
a widds
dräggädä wi dai oweroll
wädd nuch schnell dädseeld
däs binabbgöäl in daim schbind
mächd saina bannä braad
un blindsld dä – däs bilsd
dä wengsdns ai – aufmundänd dsu

um fümfa hoild endlich
di sirena
füä hoid dsämindsd
s'ledsda moll
om waschdrooch is ka blodds
meä frai

aa ausm roodn hoonä
kummds bloos kold
du dsiichsd daim jüngsdn schdifd
mid daim komm an agguradn schaidl
dusd dai dswaa märgla dringgeld
aus daim blechna schächdäla
bis morng

deä bus is üwäfülld wi immä
um seggsa bisd dähamm
donn dreesd nuch
wals foddschmaissn immä nuch a sünd weä
dai schdüggla roodn brässogg nai
donn mäggsd dain feänsee – farbe boäbädsoold –
auf un hausd di auf dai kannabee

do kummd a moo
im dunglblaua ondsuch
lässich di drebbn rundägschlengädd
höggd sich o an waisgädeggdn disch
mid frischa blumma drauf
auf deä därassn
a maadla – a bliddssaubäs ding –
mid an blüüdnwaisn schöddsä
schengd aus aanä kanna mid aanä goldna
schnaudsn
kaffee ai un sechd gud morning, sör
a schöönä dooch – ä nais däi – sechd eä donn drauf
äm schdond deä sunna nooch dsä schliisn
däffäds elfa sai
deä moo im dunglblaua ondsuch
a bissla dunglä wi dai oweroll

schlächd sai moädsdrümmä dsaidung auf
un leechd sai schdiän in faldn
woäschains sänn sai aggdsiän gfalln
do kummd sai fraa di drebbn roo
in an diifausgschniddna klaad mid rüschla
deä küssdä auf di schdiän
un sechd un dud aweng däbai di aang fädreea
darling
di kinnä senn schains scho in dä schul
orrä eä hodd kanna dsammgäbrochd
un wiä nochädd middä särwiäddn
üwä saina saubän libbn wischd
sechdä: ich muß jetzt ins geschäft

no hosd scho nimmä
dai roodgrünkariädds hemmäd meä oo
un daina hosndreechä hänga nimmä roo
donn höggsd scho
in daim kadillagg
mid daim dunglblaua ondsuch
un seggsd gands lässich dsän schafföä
naus dsä di bosch!
un wiä grod obfoän wolld
waggsd auf
un maansd deä weggä woäs
un äs is seggsa
deäwail is bloos äs rauschn
fo daim feänsee
waal niggs meä drauf is

uns schnaid un schnaid
un in däm gandsn schnee
fäschwind dai draam

arbaidä

mai faiäoomd
is fünf saidla braad
a halbs bäggla haa-bee hoch
un a boä widds long

mai arbaidsdooch
hodd fiädausnd schdaa
is dswandsich robbän schweä
un om fraidooch a düüdn diif

drinna schdeed
iich hädd
ned merä
fädiind

(nach artur troppmann: arbeiter)

brueghels kornernde

mä maand
mä höäd di muggn brumma
di löffl glabbän
un di sensn dsischn

mä glabbd
äs korn dsä riing
än schwaas
uns frischa brood

mä möö chädd aa
auf aanä garm höggn
un di milch rausschlabbän

mä möö chädd
naigrabbln
nain bild

obbä do is
als goldnä dsaun
a rooma rum

ausschdällung in dä residens

äs schönsda bild

dä bligg
nundä nain roosngaddn

blaua wildledäschuu

alläs däffsd machn
di fressn däffsd mä boliän
an ochdä däffsd mä naidi noosn haua
oddä oäschloch dsu miä soong
alläs däffsdä älaum

mai hüddn däffsd mä
übän kobf oodsündn
main karrn däffsd klaua
un dsä schandn foän
nai main biä däffsd mä schboddsn
däs däffsd alläs

obbä däs aana soochidä böäschla
auf maina blaua wildledäschuu
wännsd mä sabbsd kärl
däschloochidi

(nach presley/perkins: blue suede shoes)

aus deä draam

wänni ausm hainbalasd wook
aus am dsorro oddä dschango
miich auf main schdäläna gaul schwing
main kaugummi no main schdiifl babb
miä a maalbäro nais gsichd schdegg
maina dsündabb di schboän gibb
un ob dirägdschn arridsoona

nochädd is di schaisambl
drundn dä schranna
widdä auf rood

wainachdn

I

alla joä
widdä

a schööna
bäscherung

II

neemä a fichdn orrä a danna
dummä lamedda no orrä englshoä
dummä waggskeäddsn drauf orrä äläggdrischa
ässmä a gons orrä a endn
dringmä a biä orrä an wain
dummä örschd ässn orrä örschd bäscheern
neemä äs guuda gschirr hoid scho orrä örschd
 morng
lisdä forrä di wainachdsgschichd foä orrä di klaa
schdellmä hoid scho di hailing drai könich auf orrä
 öäschd neggsdn sundooch
soongmä deä klann äs griskind hodd än baam
 gschmüggd orrä deä babba
singamä o dannabaam orrä schdilla nochd
maansd dä schloofondsuuch bassdä orrä solli na
 umdauschn
heemä äs gschengbabiä auf orrä dummäs fäschüän
gemmä um fümbfa nai di kärng orrä nai dä meddn
schauämä om öäschdn faiädooch baidä dand madda
 fobai orrä om dswaidn
ässmä bläddsla orrä an schdolln
machmä an bunsch orrä an glüüwain
lossmä di keäddsn roobrenna orrä bloosmä si aus

hosd edsd dä oma a kaddn gschriim orrä müssmä
nuch noo
fälld näggsds joä dä hailich oomd auf an samsdooch
orrä an sundooch
gemmä nain bedd orrä blaimä nuch a weng auf
neemamä neggsds joä a fichdn orrä a danna
dummä neggsds joä lamedda no orrä englshoä
dummä neggsds joä waggskeäddsn drauf orrä kaaf
mä aläggdrischa
ässmä neggsds joä a gons orrä a endn . . .

noia broich

o bfingsdn
fägiffdi dai daum

o wainachdn
raafi dä dai lamedda roo

o oosdän
sabbi nai daina aiä

woädd dsum sundooch

a braggdischa sendung
is däs fai scho

iich gee schiffn
un mai olda hold nuch
a boä fläschla biä
ausm küülschrong
befoä deä schbäd film kummd

unnä gronknhaus

a gronkhaid

sanierung

do gärodn maisdns
di loid

ausm hoisla

dele-wision

immä wänn
dä eff-dsee
a doä schiisd
draun schdadion

waddi drauf
dassäs nuchmoll
un in dsaidlubbn kummd

tor des monats

wosd ned
im kobf hosd

mussd hald
in di baa homm

bedrohung

deä bombä
dä naddsion

bai di ami

kinnäschbrüch

I
düdl düdl dud
mai fingä bludd
düdl düdl dud
weä hodds gädoo
düdl düdl dud
deä goblmoo
düdl düdl dud
dän dsaichi oo

II
sanggd gädroi
maggs dürla auf
deä grischgä
kummd im dauälauf
leechdsi glai
nain oäschdn bedd
un schraid
iich bin deä gröösde
debb

III
wos isn loos
wos ned oogäbundn is

folggsmund

I
weä in dä jugnd
fill börschd

brauchdsi im oldä
ned kämma

II
ledsds joä
is dä summä wirrä

auf an sundooch gfalln

III
du maansd
du brauggsd bloos
häfäla dsä soong

un scho liichds
wörschdla drinna

schaisshaus-äsdedigg

di fliisn sänn blau
di kachln sänn blau
dä schbiichl is blau
äs waschbeggn is blau
dä waschlabbn is blau
äs hondduch is blau
di saafn is blau
di saafnscholn is blau
äs dsoobörschdla is blau
dä dsoobuddsbechä is blau
di gloschüssl is blau
di globrilln is blau
di globörschdn is blau
äs globabiä is blau

wämmä edsäd hald nuch
blau schaissn könnäd

raumschbräi

nochädd riichds
aufm schaisshaus

als hädd aans
nain wold gschissn

schdill-leem

deä boch murmld
di föchl dswidschän
di baamä rauschn

wengsdns di wolgn
haldn iä goschn

füä main foddä

dsum seechn
muss di dsaid
noch reechn

friiä homm wä
geschissn und geseechd
und di dsaid hodd gereechd

(schlesisch)

oddnung muss sai

draun familjänbod haua siich a buu un a maadla um an niweaboll. kummd di murrä dädsu, gibd alla dswaa an drümmäbadsch un sechd: „dasdäs wisd, gschdriddn wädd bai uns dähamm."

loddo

I

edsäd schbilli scho
solongi fähaiäd bin
middi selm dsooln
unnäm hochdsaidsdooch
äm gäbuädsdooch
un dä schuugröös
fo mainä oldn

maansd iich hädd scho amoll
auf dera iä bladdfüüs
wos kobbd
ned amoll an draiä

wänni edsäd ned bal
wos gäwinn
lossimi schaidn

mid derä fraa hobbi
ainfoch ka glügg

II

wasd worum
di loddodsooln
immä ona gäweä kumma

wos glabbsd
wifill sich alla samsdooch
a kugl nain kobf jochädn

adela adela

füä mai schwesdä

middwoch früü ummä fümfa
grood kummd di sunna raus
mächdsi gands lais di schloofdsimmädüä dsu
an dseddl wu alläs draufschdeed
hoddsi noogäleechd
si geed nai deä küchn
äs daschnduch in deä händ dsamgägrübbld
lais dreedsi än schlüssl rum
edsädla issi draun

si – miä hommra alläs gädoo
haud – unnä gands leem uns obgäraggäd
ainfoch ob – dassis moll bessä hodd

si haud einfoch ob
waal si sich so allaa gfüüld hodd
di gands dsaid
adela adela

deä forrä schnarchd
wi sai fraa iän morngmandl oodsiichd
un än dseddl sichd nebä deä beddumrondung
hebdna auf un wi si na liisd
haudsis bal dsamm
oldä schraidsi dai klaana is fodd
wi hoddsi uns däs bloos ooduu gäkönnd
wos solln sich di loid bloos dengn
so a schand

si – miä homm nii oo uns selbä gädochd
haud – ka aandsiggsmoll
ainfoch ob – a leebdooch uns obgschdrambld fürra

si haud ainfoch ob
waal si sich so allaa gfüüld hodd
di gands dsaid
adela adela

fraidooch früü ummä noina
issi scho üwä alla bärch richdung idaljen
mid so am audofäkoifä ausm graubnä
ainfoch obkaud

si – wos hommä bloos folsch gämachd
hodd iä – miä wissns ned ums färäggn
glügg gfunna – ainfoch obhaua miäniggsdiäniggs

wos inra foäganga is di gands dsaid
hodd schains kannä gäwissd
adela adela

maansd
di kummd nuch moll hamm

(nach the beatles: she's leaving home)

laafschdories

I
gee dsu
gee mid nain hain
braugsd aa ka ängsdn homm
iich bass scho auf

II
mai imbfä
däffsd säng

obbä merä ned

fälibbd

im früüjoä
riddsi dain nooma
nai aana birgn

im summä
mooli na om schdrond
nain sond

im herbsd
schraibi na
no a oogschloogna schaim

im windä
brundsi na
nain noia schnee

jungfänfoädd

gee dsu
höä auf dsä graina
so orch hodds goä ned
sai gäkönnd
un amoll hodds sai gämüsd
däs wasd selbä

un weä häddsn machn solln
deä hailich gaisd fälaichd
mäggsd du a gschaiss
däs homm fai scho
alla üwälebd
un annära homm
ned amoll liichesidds
das däs bloos wasd

obbä wännsd edsäd
ned glai aufhöäsd
mid daim gäbflöödsch
nochädd woäs äs öäschda
un leddsdamoll

däs schwööridä

(nach l. kleinlein: hih is hih)

wänni a föchla weä

wänni a föchla weä
un aa dswaa flüchl hädd
flööchi dsä diä
waals obbä ned sai koo
waals obbä ned sai koo
blaibi hald hiä

wänni a fluchdsoich weä
un an brobällä hädd
flööchi dsä diä
waals obbä ned sai koo
waals obbä ned sai koo
blaibi hald hiä

wänni a schdoäfaiddä weä
un aa a düsn hädd
flööchi dsä diä
sai froo das ned sai koo
sai froo das ned sai koo
sunnsd wärri hii

(nach: wenn ich ein vöglein)

auf anna

dai haud di is wi alabasdä
dai dsee wais wi deä schöddsä
fo an bäggämasdä
dai bäggla wi a roosn
fom roosngaddn
dai brüsdla
iich kos kaum däwaddn
dai hooä di sänn
so schwoäds wi ruus
dai bumbl is a kokosnuss
dai aang
wi dswaa gnöbf fom kaul
dai oäsch
sai mä ned bös
wi fo an aggägaul

schaiss nai
edsd is obbä a end
foweechä middi komblimend
edsd konnis bal
nimmä däwaddn
gee heä
iich moochdi
olda schwaddn

di nochd blaibi baidä

machdi düä dsu un dai aang
un machdä ned nain hemmäd
aa wännsd kaans merä oohosd
hoid nochd blaibi baidä
dassdäs bloos wasd

gee dsu machs lichd aus
un di loodn dsu
braugsd aa ka ängsdn homm
iich blaib scho baidä hoid nochd

bind daim babbagai än schnoobl dsu
dassä sai goschn häld
schau naus deä wambäd mond
siichd aus wi dai subbnschöbfä
schnälds dain schdögglschuu fodd
hobb ka schiss

edsd bringsdmä nuch a fläschla biä rübä
un nochädd schauamä moll
obbs nuch a jungfäla is

(nach bob dylan: i'll be your baby tonight)

sonedd

so ned
ned so
naa so
so ned

ned so
schdellsd du di oo
so ned
bisd üwähabds a moo

na na
ned so
naaaaa

ja ja
so
jaaaaa

seggs-film

gemmä nai
orrä

machmäs selwä

liibe

do könna mancha
grod bis

seggs dseeln

iich waas ned

di junga maadla hoidsädooch
iich waas ned
niggs homm di merä oo
kan beehaa
kana schdrümbf
kan schdrumbfhaldä
ka niggs

main godd
woä däs früä schöö
do bisd scho foäheä
halbä närrisch woän

hoddsi än blaua undärogg oo
oddä än rosana
hoddsi äs laibla
middi moisdsee oo
oddä äs bäschdiggda
hoddsi än beehaa oo
deä wu fonna aufgeed
oddä goä ned
hoddsi schwoäddsa schdrümbf oo
oddä noodloosa
hoddsi an gnobf im schdrumbfhaldä
oddä an bfennich

hoidsädooch is niggs merä los
ka weng schbannung
ka niggs
glai bisd oo oäd un schdell

bambärchä bläiboi-song

iich kenn a maadla aus deä gäroid
bai deä hodd miich nuch ka schdündla gäroid

iich kenn a maadla aus bambärch-osd
bai dera woä däs ding färosd

iich kenn a maadla aus deä siddi
bai deä woän bloos di schwesdän briddi

iich kenn a maadla fom hochgärichd
bai deä hobbi nii an hochgägrichd

iich kenn a maadla fom müülnwöäd
bai dera woäs di müü ned weäd

iich kenn a maadla drom fom dom
di hodd ned gäwissd wos däs is a kondom

iich kenn a maadla fom waidndamm
bai dera woän immä di oldn dähamm

iich kenn a maadla foddi karmeliddn
di hodds nä bloos im dungln gäliddn

iich kenn a maadla aus deä suddn
bai deä woäs fobai scho noch aanä minuddn

iich kenn a maadla aus deä höll
bai dera gings fasd gänauso schnell

iich kenn a maadla foddä aldnburch
wu i dera iän beän gsäng hobb binni durch

iich kenn a maadla foddi kaseän
di bädiind aussä miä nuch dswaa annära heän

iich kenn a maadla foddä bee-haa
di hodd nii an ookobbd obbä noia

iich kenn a maadla ausm schbedsi
do konni do wossi will mid dera geeds nii

iich kenn a maadla ausm häddi
do binni jedsmoll figgsäfäddi

iich kenn a maadla fo an kadoolischn bfarrä
däs geed ja goä ned bin iich a schmarrä

iich kenn a maadla foddä dsee-äs-uu
di gibbd ned amoll om sundooch a ruu

iich kenn a maadla foddä ess-bee-dee
wu di köäd hodd dassi schwoädds wääl
hoddsi gsochd bidde gee

iich kenn a maadla foddä eff-dee-bee
di koaliddsion mid dära du di woä schöö

iich kenn a maadla foddi jusos
foweechä lusdgäwinn di woä miich im nu los

iich kenn ka maadla foddä gal
„jute statt plastik“ woä noch nii mai fall

iich kenn a maadla foddi kommunisdn
di hodd immä di foisd gäballd wämmä uns küssdn

iich kenn nuch merä maadla do gibbi ned oo
obbä wänni di alla aufdseel
höggsd morng nuch doo

(nach insterburg: ich liebte ein mädchen)

draumfraa

än buusn
foddä anidda eggbärch
äs ärschla
foddä beebee
di aang
foddä loren
di hoä
foddä elge sommä
di baa
foddä ursula andres
di libbn
foddä dschäin fonda

orrä
nuch bessä

äs gäld fo alla denna waibä
un mai anna

dänooch

di bladdn foddi schdoons
nuch aufm dellä
deä aschnbechä middi kibbn
di middm libbnschdifd om fildä däs sänn daina
a oogäbrochna flaschn fallbollidschella
a umgäbollädds waingloos aufm debbich
a schwoädds hoä fo dainä kadds
auf maim waisn bedduch

mai kanariänföchäla
is immä nuch aufgäreechd

döödlich

in aana drääna fo diä
möchädd iich miich däsaufn

o am fo daina longa hoä
möchädd iich miich dähänga

o am kuss fo diä
möchädd iich däschdiggn

fäloän

wi i gesdän nochd
hammkumm
un nain schbiichl schau
siichi das mai aans oäringla
nimmä droo is

iich kommä scho foäschdelln
wu däs bassiäd is
un bai wos

un wi i so noolang
no main läbbla
uns löchla schbüä
wädds mä gans annäsch
un iich schau
dassi nai main bedd kumm
un nuch a weng däfoo draam

obbä morng früü
mussi mai hoä
a weng annäsch kämma
das kannä
wos märgd

jungs glügg

iich kumm
mid am saiä hamm
donn griichis
nuudlholds

so longsom
gräng miä
unnä küchn scho dsamm

scheärm

du hosd foä wuud
an dällä nundäkaud

iich hobbna widdä gäkidd
eä häld

obbä än schbrung
sichdmä nuch immä

olda liibe

a miidä
un a longa undähosn

hänga fäwöddld
auf dä laina

fränggischa haikus

iich waas gands gänau
dassi dä nii meä begeechna weä
in dera schdross
droddsdem laafi immä widdä durch

*

di annän höän
wosd seggsd
iich höä
wosd ned seggsd

*

immä hobbidi liib
om libbsdn obbä
wännsd mi oolüüchsd

*

wi i glaa woä
woä mä mai nochddischlämbla
dsä dungl
edsäd wolläddi
äs weä ned so hell

*

dassd edsäd in aana annän schdodd
mid an annän blaudäsd
oddä diä a dsaidung kaffsd
iich moochs ned glaam

*

mai heädds is däschroggn
iich bin auf a schbengäla foddä gsabbd
im schloofdsimmä

wännsd wissäsd
wi wee dass dud
fo sain maadla in deä früü fodd dsä gee
domgloggn
dännäsd a folscha schdund
un ned di richdich schlong

*

a daudrobbfn
hängd o am schbinnanedds
iich wolld soong
anna schau noo
obbä iich woä ja allaa

*

wämmä nä moll di heäddsn dauschn könnäd
dassd a moll schbüräsd wiis dud
wämmä libbd
und wädd ned widdä gälibbd

*

wänni in dä früü
maina schdrümbf oodsiich
mussi immä droo dengn
wiis sai wädd
wänni si oomds
widdä ausdsiich

*

saidi nochd füä nochd
auf daina schridd wadd
waasi öäschd
wossmä nochds alläs höän ko

wi annäsch alläs aussichd
iich siichs edsäd
mid daina aang

*

obbs reengd
oddä ob di sunna schaind
immä issi schöö di long schdross
do binni dä dsän öäschdnmoll bägeengd

*

wännä mid saina olbän hend
mai bluusn aufmechd
wurä doch sunsd so gschiggd is
nochädd moochi na nuch merä

*

iich hobb
däs nochdhemd oogädsoong
wurrä bloos di schlaifn
aufdsädsiing brauchd

weä waas
fälaichd kummdä
hoid nochd

un wänns bloos
im draam is

(aus dem japanischen)

glügg

miä höggn
im gros

du seggsd wos
wos iich grood
gädochd hobb

(aus dem japanischen)

nuch schönnä

wi hoid nochd
dai hend nooch
miä gälangd hodd
hobbi gädochd
du bisd wach

du hosds obbä
im schloof gädoo

(aus dem japanischen)

schbuän

di grau schbuä
fo daim forrodraifn
auf maim schu

iich budds drum rum

au-schdross

früüa
homm blumma gäblüüd
wänni dä
do begeegnd bin

edsädla
duds bloos nuch wee

allaa

kan menschn
hobbi wos gsochd

alla froong mi
wos hosdn

*

immä nuch
schdelld di döddsära
dswaa biä no

wänni nais schlengäla kumm

wis schilf om rechn

wis schilf om rechn
drundn di müüln
so hänga maina gädangn o diä
wi di grau wolgn üwä di baamä
so dsiichd mai seensuchd noo dsä diä

worum bisd obkaud
worum bisd ganga
worum köän miä dswaa
edsd nimmä dsamm
worum schlabb iich edsd
so gands allaa rum
worum mooch iich bloos
goä nimmä hamm

a schdrossnkeerä feechds
gälba laab dsamm
a schwoäddsa kroa
fliichd auf un däfoo
wi rundä fom himml
di drobfn falln
so laafn miä
di drääna roo

worum bisd obkaud
worum bisd ganga
worum köän miä dswaa
edsd nimmä dsamm
worum schlabb iich edsd
so gands allaa rum
worum mooch iich bloos
goä nimmä hamm

wasd nuch wi miä dswaa
auf dera bong woän
un drauf gäwadd homm
dass moll kaans kummd
ka mensch hodd gseeng
wos miä gädoo homm
nä bloos di müüln
homm weng gäbrummd

worum bisd obkaud
worum bisd ganga
worum köän miä dswaa
edsd nimmä dsamm
worum schlabb iich edsd
so gands allaa rum
worum mooch iich bloos
goä nimmä hamm

soll däs fobai sai
edsd un füä immä
äinnäsd du diich
do nimmä droo
lässd edsäd ned bal
auf mai schöös briifla
wos fo diä höän
iich du mä wos oo

wis schilf om rechn
drundn di müüln
so hänga maina gädangn o diä
wi di grau wolgn
üwä di baamä
so dsiichd mai seensuchd noo dsä diä

obschiid

o daina wimbän
hängd füä an augnbligg
a schneegrisdall
ka woädd fo diä
schmildsd unnä schwaing auf
dai schbuä
bäwaisd mä füä a boä minuddn
das diich geem hodd
dai roodä anoragg
a bluudsdrobfn im schnee

liibäskummä

an schdrigg
hobbi mä kaffd
un a baggung rasiäglinga
un di gaas aufgädreed

edsäd höggi
saubä rasiäd
undä maina frischgwaschna undähoosn
un hobb mä dswaa aiä naidi bfanna kaud

ledsda grüüs

edsäd konni nimmä fill
füä diich du oldä

im summä
alla dooch an giissä
un a gägrüssädsaisdumaria

o allähailichn
a schöös schdöggla
un a dsuudegg
aus dannadswaig
dasdi ned friäd

o wainachdn
a klaans grisdbaamla
wu deä wind immä
di lichdla ausbloosn dud

un wännsd gäbuädsdooch hosd
auf johanni
schüddi nai maina kanna
a saidla keesmoobiä
un bflandsdä nindä dain schdaa
wus kannä sichd
a booä radiisla

rekwiäskadd in badse

in memoriam BA – Z 66

gesdän hobbi na nausgschaffd main klann
wos hasd gschaffd
sälbä hoddä nuch foän gäkönnd naus dsän kaudä
draisich märgla hobbi grichd füä na
merä werä ned weäd iich könnd froo sai
dassi niggs dsooln muss dassä dooblaim däff
däfüä hoddä a schöös blädsla
däreggd o dä aisnboo
do issä weengsdns ned so allaa
dänn däs di dswaa diggn mädsedäs mid na blaudän
glaabi ned dänna falläd erä iä schdeän
aus deä groona wännä nuch drooweä
donn bini ganga un wolldmi däs hobbi mä
gschwoän kobd badu nimmä umdreea
iich hobbs ned gäkönnd
un wiä miich nochädd so oogschaud hodd
mid saina dswaa lichdla
do binni mä richdich schäbich foäkumma
eä hod miich ka aandsiggs moll schdee gälossd
un iich loss na schdee edsd füä immä
obbä äs hodd doch sai gämüsd hobbi schraia wölln
du wasd doch di kaschbä fom düff
iich hobbs ned ums fräggn meä rausgäbrochd
un donn häddi bal schaimwischä gäbrauchd
füä mai aang

mä hodd hald irgndwii dsamgäköäd

manchmoll

manchmoll möchdi a föchla sai
obbä wos hosd däfoo
im windä hosd niggs dsäm baisn
oddä a idaggä frissdi

manchmoll möchdi a fischla sai
obbä wos hosd däfoo
dauänd däffsd wassä schluggn
un om end landsd in dä noddsee
– du wasd scho in welchä –

manchmoll möchdi a blumma sai
obbä wos hosd däfoo
wännsd in kana woosn färeggsd
fäblüüsd aa

manchmoll möchdi a baamla sai
obbä wos hosd däfoo
di föchl schaissn di full
un bech wännsd hosd
weäsd a schrong

manchmoll möchdi a wölgla sai
obbä wos hosd däfoo
grau wärräsd aa
un amoll duds an drümma schlooch
un fodd bisd

manchmoll möchdi
naa
iich blaib libbä
a mensch

wämmä

wämmä
so waidämachn

kumma mä
auf kan grüüna dswaich meä

abbokalübbdisch

a bauä schbrüdsd
mid aanä gasmasggn

sai fäld

naduä

do no
soong maina bäkanndn
baua mä unnä hoisla

auf iäm grundschdügg grosn küü
un blumma dänn waggsn un klee

do is nuch alläs naduä
soong si
di lufd un dä wold
di hüchl un feldä
do wämmä woona

ona oich – sooch iich –
dännäds so blaim

(nach ludwig fels)

naduä

gibbds bal
bloos nuch

als schniddsl

wasd nuch

wumä nuch
än wold

foä laudä baamä
ned gsäng hodd

dsän schluss

weggsd
ned amoll
merä a gros

wusd
naibaissn könnäsd

oggdobäfesd ’80

om fraidooch
is di bombn
hochganga

om samsdooch
woä scho wirrä
a bombnschdimmung

do maggsd wos mid

di wu domols
midgämachd homm

dädseeln hoid

wossi domols
alläs midgämachd homm

mancha

geem
äs landsähefd

immä nuch ned
aus dä hend

schuss

bloos
im kola

rüsdung

däs is
doch wos

ausm middloldä

bandsä

homm bloos
di maikäfä

gäloodn

wänni däs scho höä
kriegsdienst verweigern

bruudä
do binni dä
scho gäloodn

schloochfäddich

sänn si
füä obrüsdung
frechd a reboddä
än fädaidigungsminisdä

no gloä sechd deä

wi aus
dä bisdoln gschossn

olda griichä

unnära bolidiggä
alla scho waid üwä sechdsich

obbä alla
nuch rüsdich

samsdooch

do kumma
di aandsiggn dreffä

ona geweä

modänn

bombäjaggn
milidärrilugg
fliichädschiins
follschirmblusn

dä griich
kummd schains
wirrä in modn

brosd

jeds joä
fanga miä wirrä

mid kanonaschläch oo

schdondoädd

z. b. bamberg

armeeschdross
schüddsnschdross
bandsälaidn
ulanablodds
magadsinschdross
generalsgass
schildschdross
kasernschdross

friidhof

waffensegnung

hailiggs
kanonaroä

friidn

in dä kanona
drom dä aldnburch

nisdn schwalm

holocaust

däs wöä

wi dälläs
baim adolf

reagan & co

wännä nä moll

schdodds „cheese“
„peace“ grinsädd

doidsch-amäganischa froindschaffd

für richard

mä sollläd
aufänandä dsugee

sechd dä rednä fo di ami

obbä wänns geed
hald ned midm messä

bambärchä gredo

a domgeechnä
worri

scho immä

doodsichä

iich
griich mi

nimmä

rüsdung

a bombngschäfdd

edsäd glaabis bal

miä sänn

di ledsdn
menschn

owerkill

miä homm

däs dsoich dädsu

feuilleton

für w. s.

däs lichd
bai uns immä

aufm schaisshaus
rum

dichdung

wänn bai uns dähamm
äs woädd dichdung gfalln is

hodd immä dä honä gädrobfd

dichdä

immä wänni ausm baiä rausschlabb
in dä an hend an bersil-kaddon
in dä annän dän middi bämbäs

kummä mä dswaifl
obbi üwähabds
a richdichä dichdä bin

dassdäs wissd

kannä hodd mä nuch
an brais fälia füä maina gädichdla
goddsaidang un a sunsd
hodd mä kannä wos dädsu geem
iich hobb mid maina schbedsis
an gsuffn
gälibbd, gälachd un
manchmoll mid mainä oldn gschdriddn
un däbai mai wud kobbd
auf blembos, bfarrä un dsee-äs-u-lä
di schbrüchla sämmä aigfalln un
iich hob si aufgschriim
di wusi lesn gäwolld homm
homms gädoo
auf di annän is gschissn
un wänn amoll
a schdudendla auf dä uni
wos gschaids dädsu soong muss
donn sollä wissn:
iich hobb schbrüchla gämachd
walli ned sofill gäld kobbd hobb
miich alla dooch dsä bäsaufn

(nach jim burns)

dichdä fäkeä

immä wänns
auf baiän drai hassd

dswischä närmbärch un münchn
dichdä fäkeä

denggi mä
solcha dreggsoi

rodschlooch fo maim forrä

mach mä
fai bloos

kanna gschichdn

schöö weäs

si sechd
wi geeds
iich hob alla hefdla fo diä
dsägoä di oldn
iich sooch
schöö
iich blaib fai do übänochd
un miä gfalln daina aang
gedsu miä gen an heem
si sechd
äs is fai scho schbäd
iich sooch
do däfüä is äs nii dsä schbäd
si sechd
iä dichdä said doch alla di selm

kristin
iich möchädd
dassmä baiänandä blaim
ned bloos hoid nochd
kristin
iich möchädd mid diä
üwä wos annäsch blaudän
als üwä maina blödn schbrüchla
kristin
iich möchädd üwähabds ned blaudän

wimmä schbedä ausänandä gee
sechd si
adela un gibd mä an kuss

iich möchädd soong
iich mooch di fai
obä soong du iich
gud nochd

om näggsdn oomd
wi iich in erlanga lees
hobbi nuch libbnschdifd
om groong
un wi iich
dänooch an saufn gee
kummd widdä aana
un sechd
wi geeds

kristin
iich möchädd
dass mä baiänandä blaim
ned bloos hoid nochd
kristin
iich möchädd mid diä
üwä wos annäsch blaudän
als üwä maina blödn schbrüchla
kristin
iich möchädd üwähabds ned blaudän

(nach einem song der „gruppo sportivo")

aa a gedichd

deä keeskuung
fo mainä
schwiichämurrä

obdimismus

nach und für günter eich

im lorbersgässla
waasi aana
wu mi liisd
un an drom michlsbärch

däs sänn
scho dswaa

noochruf auf main radiägummi

du hosdi
aufgäriim

füä maina feelä

in aichnä sach

nooch maim aufdridd
gee i naidä gadäroom
raus aus deä ledähosn
rundä midm dirolähüdla
un donn dsiichi mai dschiins
widdä oo

un deng mä
däs is ka schlechdä dschobb
alla oomd draihunnäd marg
däs is scho schdarg
däfüä kosd scho moll
auf di büüna schlabbn
un als mundoäddichdä
dena iän dabbn
machn

(nach udo lindenberg: glitzerknabe)

schdodds am noochwoädd

dialeggd
miich

om oäsch

Nachwort

Eine Nebelglocke lokaler Mythen stülpt sich über die Stadt, Kondensat aus tausend Jahren. Kaiser Heinrich und Kunigunde, ein Papstgrab und ein Reiter im Dom, Hoffmann und Hegel, Bier und Barock – Bamberg. Man kann darunter ersticken.

„bambärch“ hingegen: „foweechä/auf siim hüchl/hindä/siim bärch.“ Schon lichten sich die Mythenschwaden vom Fränkischen Rom, gleich dem Ewigen auf sieben Hügeln erbaut. Wie es hinter den sieben Bergen hergeht, mag man sich ausmalen. Ein winziger Schritt nur, ein Wechsel der Perspektive vom Erhabenen zum Lächerlichen, auf den Punkt gebracht mit wenigen Worten.

Epigrammatische Korrektur als Kunststück von knapper Treffsicherheit. Freilich eines, das dem ausgeprägten Sinn der Bamberger für Doppelbödigkeit, ihrer Skepsis gegenüber Sprache auf Stelzen vertraut ist. Sprüchklopfereien sind ihnen verdächtig. Sie machen sich lieber klein, das hat sie Erfahrung gelehrt. Und das schlägt sich in ihrer Sprache nieder. Wenn sie meinen, daß das Wünschen noch hilft, dann fordern sie höchstens a weng, besser bloß a wengla oder gar nur a gands klaans wengla.

Gerhard C. Krischker hat das durchschaut. Und genutzt für seine Produktion von „Bamberger Mund(un)artigem“. Zunächst wohl aus Widerspruch gegen die Verlogenheit einer süßholzraspelnden Dialektreimerei, die „Wünsche und Bedürfnisse des kleinen Mannes“ auf die Vorstellung reduzierte, „daß sich im Kampf um einen freien Stuhl im Wirtshaus sein Dasein in dieser Welt und Stadt erschöpfe“. Als 1974 das erste Heft des damals 27jährigen „fai obbochd“

riet, schrieb er im Vorwort weiter: „Daß diese Sprache nicht nur lieb und amüsant, sondern böse und grausam sein kann und konnte, war nirgends zu spüren."

Ein zorniger junger Mann? Wer ihn im Trend der neuen deutschen Mundartdichtung am Werk sah, Wege zu weisen zum Ausgang des Menschen aus seiner selbstverschuldeten Unmündigkeit, täuschte sich gewiß nicht. Dialektlyrik als Nürnberger Trichter, sofort wirksames Wundermittel zur Bewußtseinsänderung: Diese Fehlkalkulation war Krischker dennoch fremd, aufs hohe Roß des studierten Besserwissers ist er nicht erst geklettert.

Seine „Lyrik der kleinen Leute für die kleinen Leute" schöpft aus dem, was Peter Rühmkorf das Volksvermögen und Martin Walser eine Art Goldreserve genannt hat. Sie greift zurück auf „die Phantasie und den Sprachwitz der Bamberger", auf die „Schönheit und Originalität" ihrer Sprache, präsentiert stolz „Prachtexemplare Bamberger Wortschöpfungskunst".

Mit viel Vergnügen am sprachlichen Spiel übrigens, am Aufspüren etwa von Paradoxien („gee dsu/blaib do"). Krischker dreht und wendet die Wörter, fördert das Abgründige ebenso zutag wie das Hintergründige. Indem er beides virtuos auf die Spitze treibt, macht er den Leser hellhörig. Auch und gerade für den Gebrauch der Wörter im Alltag. Die Fingerfertigkeit auf der Klaviatur der Komik vom Heiteren bis hin zum Grotesken bleibt so nicht Selbstzweck.

Krischkers gesellschaftskritisches Engagement ergänzt derart jenes für die Mundart, für ihre (selbst)-bewußte Verwendung. Eine sinnvolle Kombination. „Die Grenzen meiner Sprache bedeuten die Grenzen meiner Welt", hat Ludwig Wittgenstein erkannt. Der Sprung über sprachliche Schranken mindert Beschränktheit der Weltsicht. Das wissenschaftliche

Standardwerk zur jüngeren Mundartliteratur bestätigt denn auch Gerhard C. Krischker, seine Veröffentlichungen zählten „zu den wenigen authentischen Versuchen echter kultureller Emanzipation durch die Mundart und in der Mundart".

„Lyrik der kleinen Leute für die kleinen Leute", das heißt eben auch: Ihre Erfahrungen und Bedürfnisse ernst nehmen, sie nicht der Lächerlichkeit preisgeben, um Verständnis für sie werben. Zum Beispiel das Gedicht „dele-wision". Wirklichkeit der Arbeitswelt und Wunschprojektion eines Fernsehfilms stoßen hier aufeinander. Krischker löst den ideologiekritischen Einwand in einer wunderbar poetischen, geradezu valentinesk listigen Wendung: Sein Arbeiter ist vor dem „feänsee" eingeschlafen und träumt sich nun an die Stelle des geschniegelten Helden – „donn höggsd scho/ in daim kadillagg/mid daim dunglblaua ondsuch/un seggsd gands lässich dsän schafföä/naus dsä di bosch!" Bedarf es mehr, die Seifenblase des schnöden Scheins platzen zu lassen?

Solche kunstvolle Erhellung durch Poesie verklärt nicht. Sie führt vielmehr zu einfühlsamer Sicht, zu solidarischer Sensibilität. Mehr als dozierende Abhandlungen zur Situation der Gastarbeiter bewirkt möglicherweise ein Gedicht wie „griichischä windä", das geschickt die Urlaubssehnsüchte der Deutschen mit dem Heimweh ihrer ausländischen Kollegen verknüpft, wenn die vor dem Kaufhauseingang stehen und über das Rathausdach in die Ferne schauen, „naus aufs meeä/wu wi di schneewais wolgn/im blaua windähimml/iä waisn fischäboodla/schwimma".

Gefühle zu zeigen und anzusprechen war lang verpönt unter kritischen Mundartpoeten. Verständlich – die heimattümelnde Versschmiederei mit Herz und Schmerz schreckte ab. Kopflastigkeit aber begibt sich eines wesentlichen Wirkungselements. Und sie zeichnet ein einseitiges Menschenbild. Bedauerlich erscheint das Ausweichen nicht zuletzt deshalb, weil der Dialekt gerade für jenen Bereich einen vielfältigeren Wortvorrat bereithält als die sogenannte Hochsprache, Schwingungen und Nuancierungen, die auch leichte Distanz erlauben.

Gerhard C. Krischker hat sie nie gescheut. Seine Liebesgedichte zeigen unnachahmlich schön, wie das Kantige des Bamberger Dialekts dahinschmelzen kann, umschlägt in die zärtliche Geste einer verhaltenen Annäherung, wie sie sich wandelt von direkter Anzüglichkeit zu fast wunschlos schwebendem „glügg“: „miä höggn/im groos/ /du seggsd wos/wos iich grood/gädochd hobb“.

Da schleicht sich keine Sentimentalität ein, kein falscher Ton. Die Wahrheit ist konkret in Krischkers Gedichten, gespiegelte, reflektierte, im Poetischen aufgehobene Erfahrung, Stachel im Fleisch scheuklappenbewehrter Wirklichkeit. Artikuliert werden Ansprüche. Auf Entfaltung menschlicher Möglichkeiten, auf, nun ja, Heimat. Die meldet er hartnäckig an, mit freundlichem Nachdruck, und er besteht um so unnachgiebiger darauf, je eifriger man bestrebt ist, solche Bedürfnisse mit ideologischen Ersatzsüßstoffen abzuspeisen.

„Der Dialekt ist genauso wichtig wie die untergegangene Kindheit.“ Mit diesem Zitat Martin Walsers hat Krischker sein drittes Mundartheft „miä langds“ eingeleitet. „drundn dä reechnids“ holt so eine untergegangene Kindheit in die Gegenwart zurück, ohne sie rosig zu drapieren. Die Schilderung der Tage „wi brausebulfä“ rückt Verlust und Verzicht ins Bewußtsein, macht schmerzlich klar, wie eng unser Leben geworden ist und wie es zunehmend enger wird.

„obbä do is/als goldnä dsaun/a rooma rum“: um Brueghels „Kornernte“ nämlich, ein Gemälde, das Krischker als spätsommerliche Idylle beschreibt, in die man „naigrabbln“ möchte. Ein Sinn-Bild auch für die Barrieren zwischen bildungsbürgerlichem Kunstgenuß und den Träumen der „kleinen Leute“. Gerhard C. Krischkers Lyrik sucht sie abzubauen, Durchlässe zu schaffen durch den „goldna dsaun“. Die pointierten „schbrüchla“ sind länger geworden mit der Zeit, reicher an Poesie, formal differenzierter, selbst japanische Haikus tauchen auf. Auf diese Weise weitet er, in beinah klassischer Manier, den Horizont: behutsame Erziehung durch Ästhetik.

Winfried Schleyer

Inhalt